Raus in die Natur!

Mein Outdoor-Entdeckerbuch

Raus in die Natur!

Mein Outdoor-Entdeckerbuch

Text: Alice James und Emily Bone

Illustrationen: Briony May Smith

Gestaltung: Helen Edmonds und Anna Gould

Outdoor-Beratung: Laura McConnell

Inhalt

Abenteuer Natur

Ganz egal, wo du bist und wie das Wetter ist, in der Natur gibt es immer etwas zu sehen, zu entdecken und zu tun. Das kann bei dir zu Hause im Garten, im Stadtpark, am Meer oder im Wald sein.

Über dieses Buch

Dieses Buch ist in sechs Kapitel eingeteilt, die sich mit unterschiedlichen Lebensräumen beschäftigen und Tipps für vielerlei Aktivitäten bereithalten. Diese Seiten stammen aus dem Kapitel „In der Wildnis".

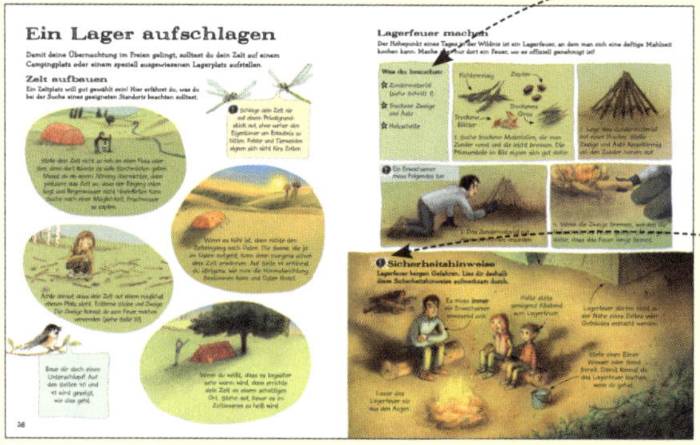

Wenn du für eine Aktivität besonderes Werkzeug oder Material benötigst, wird es in dem Kästchen „Was du brauchst" angegeben.

Achte auf dieses Symbol: ❗ Es bedeutet, dass du an dieser Stelle wichtige Hinweise für deine Sicherheit und den Schutz der Natur erhältst.

Es macht viel Spaß, Zeit in der Natur zu verbringen, und du benötigst dafür im Normalfall keine spezielle Ausrüstung. Bist du aber den ganzen Tag unterwegs oder entfernst dich weiter von zu Hause, dann solltest du ein paar nützliche Dinge in deinen Rucksack packen. Hier zeigen wir dir, was du mitnehmen solltest.

Sicherheit

Bei deinen Ausflügen in die Natur steht Sicherheit an erster Stelle. Auf den Seiten 8 und 9 erfährst du deshalb, wie du dich und auch die Natur auf deinen Erkundungstouren schützen kannst.

Lasse dich am besten von einem Erwachsenen begleiten!

❗ Natur- und Umweltschutz

Wo immer du auch unterwegs bist, nimm bitte Rücksicht auf die Natur und die Umwelt. Hier findest du einige Regeln, die du beherzigen solltest:

Fasse Wildtiere und ihre Nester nie an. Du könntest die Nester zerstören und die Tiere verängstigen, sodass sie dich beißen.

Wenn du über Wiesen gehst, auf denen Tiere weiden, verhalte dich ruhig. Die Tiere könnten sonst Angst bekommen.

Wenn du durch ein Gatter gehst, dann schließe es hinter dir. Manche Wiesen und Grundstücke sind Privateigentum und damit nicht zugänglich für die Öffentlichkeit. Betrete sie nur, wenn du die Erlaubnis des Eigentümers hast.

Pflücke keine Blumen und grabe auch keine Pflanzen mit der Wurzel aus, sonst können sie sich nicht weiter vermehren.

In einigen Abschnitten des Buches zeigen wir dir, wie du Insekten fangen kannst, um sie genauer zu betrachten. Lasse sie danach wieder dort frei, wo du sie gefunden hast. Gehe behutsam mit ihnen um.

Lege alle Dinge wieder dorthin, wo du sie aufgelesen hast. Nimm deinen Abfall mit nach Hause und hinterlasse jeden Ort so, wie du ihn vorgefunden hast.

Sicher deine Umgebung erkunden

Wenn du an Flüssen, Kleingewässern oder am Meer bist, solltest du die folgenden Ratschläge beachten:

Halte dich von Meeres- und Flussufern fern, wenn es stürmt. Wellen können sehr hoch werden und Flüsse können rasch über das Ufer treten. An der Küste trifft die Flut oft unerwartet schnell ein.

Wenn du nicht weißt, wie tief das Wasser ist, dann gehe nicht hinein.

Felsige Abhänge und steile Ufer können sehr rutschig sein. Klettere nicht an ihnen hinauf oder hinab.

Ziehe nicht alleine oder ohne einen Erwachsenen los.

Nimm immer Wasser mit. Trinke nie aus Bächen oder Flüssen, denn sie könnten mit Bakterien verschmutzt sein, die Krankheiten auslösen.

Bleib stets auf dem Weg, damit du dich nicht verirrst und nicht auf Pflanzen oder Tiere trittst.

Wenn die Sonne scheint, creme dich mit Sonnenschutzmittel ein.

Mehr als zwei Drittel der Erdoberfläche sind mit Wasser bedeckt. Genau wie wir Menschen, können Pflanzen und Tiere ohne Wasser nicht existieren. Daher sind Meere, Flüsse und Seen beliebte Lebensräume, an denen viele Wildtiere ihr Zuhause haben.

Lebensraum Wasser

An Flussufern und Küsten lassen sich unzählige Tiere und Pflanzen beobachten. Man kann dort auch untersuchen, wie Wasser fließt. Auf den folgenden Seiten erhältst du Anregungen für Aktivitäten und Spiele in der Nähe von Gewässern.

Meer

- ☆ Gezeitentümpel untersuchen
- ☆ Krebse fangen
- ☆ Steine hüpfen lassen
- ☆ Strandspiele spielen
- ☆ Gezeiten verfolgen

Flüsse und Teiche

- ☆ Die Wassertiefe messen
- ☆ Ein Minifloß bauen
- ☆ Die Wasserwelt untersuchen
- ☆ Einen Staudamm bauen
- ☆ Stöcke um die Wette schwimmen lassen

Am Meer

Du kannst am Meer viele Dinge unternehmen: z. B. einen Gezeitentümpel erforschen, einen Krebs fangen oder Gegenstände suchen, die vom Wasser angespült wurden.

Gezeitentümpel

Gezeitentümpel sind natürliche Becken, in denen das Wasser bei Ebbe stehen bleibt. Hier siehst du, was sich dort so alles tummeln kann.

Fische kleine Lebewesen aus dem Wasser und betrachte sie genau. Beachte dabei die Anweisungen auf Seite 18.

Krebse fangen

Verwende einen Köder, um einen Krebs zu fangen. Anschließend kannst du ihn dir genau ansehen.

Was du brauchst:

- Eine Schnur, die mindestens so lang wie dein Arm ist
- Einen kleinen Stein
- Ein kleines Stück Brot oder Fisch als Köder
- Einen Eimer, der mit Meerwasser gefüllt ist

1. Knote den Köder und den Stein an ein Ende der Schnur und wickle das andere Ende um deinen Finger.

2. Lasse den Köder ins Wasser. Du spürst einen Ruck, wenn ein Krebs am Köder knabbert. Ziehe die Schnur langsam und vorsichtig nach oben.

3. Setze den Krebs in den Eimer, um ihn genauer betrachten zu können. Lasse ihn danach behutsam aus dem Eimer zurück in den Gezeitentümpel gleiten.

Die Markierung auf der Unterseite eines Krebses zeigt an, ob es sich um ein Männchen oder ein Weibchen handelt.

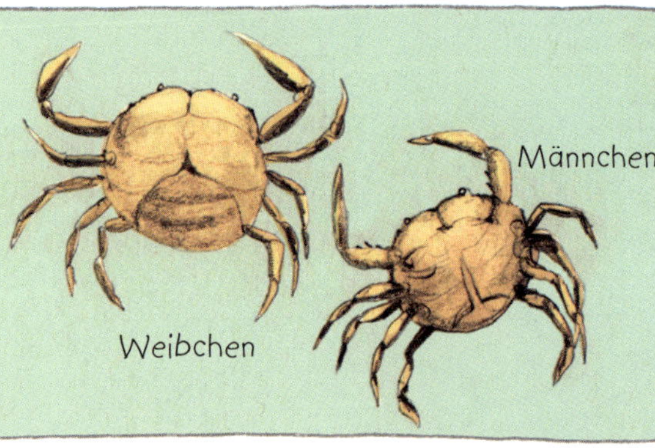

Naturschätze am Strand

Wenn du bei Ebbe am Strand spazieren gehst, triffst du auf viele Dinge, die das Meer ans Ufer gespült hat.

Schreibe auf, was du gesehen hast, oder halte es in einem Foto oder einer Skizze fest.

! Bitte nimm nichts vom Strand mit, denn es könnte das Zuhause eines Lebewesens sein.

Suche Steine, die interessant geformt oder gemustert sind.

Algen

Wie viele verschiedene Muscheln, Algen oder Treibholzstücke kannst du entdecken? Finde heraus, wie die Muscheln heißen.

Schneckenhäuser der Gemeinen Strandschnecke

Innenskelett eines Tintenfischs

Treibholz ist Holz, das an den Strand geschwemmt wurde.

Ein Seeohr ist eine große Schnecke mit einer Schale aus Perlmutt.

Spuren im Sand

Markierungen im Sand können bedeuten, dass ein Tier hier war, oder dass es im Sand eingegraben ist.

Spuren der Gemeinen Strandkrabbe

Wattwürmer sind lange Würmer, die im Watt leben. Sie fressen Sand und stoßen ihn wieder aus. Übrig bleiben diese spaghettiförmigen Sandhaufen.

Das sind die Baue der Strandflöhe. Diese Krebstiere vergraben sich tagsüber im Sand und suchen nachts nach Nahrung.

Spuren von Küstenvögeln

Aktivitäten an der Küste

An der Küste kannst du mit Freunden spielen und vieles über die Gezeiten erfahren.

Steine hüpfen lassen

Wirf einen Stein so über das Meer, dass er möglichst oft auf der Wasseroberfläche hüpft, bevor er versinkt.

Was du brauchst:

- ☆ Flache, abgerundete Steine
- ☆ Ein ruhiges Meer ohne große Wellen

❗ Wirf die Steine nur dann, wenn weder Menschen noch Tiere vor dir im Wasser sind.

Abgerundete, flache und glatte Steine sind für dieses Spiel am besten geeignet.

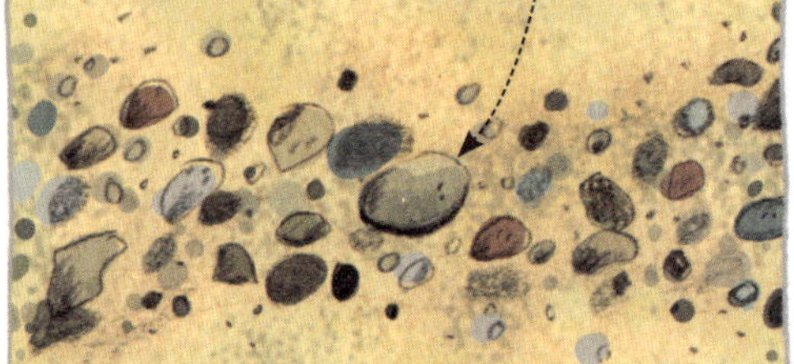

1. Sammle am Strand Steine. Lege dir einen Vorrat an, damit du nicht ständig loslaufen musst, um erneut zu suchen.

2. Stelle dich an den Wasserrand. Halte einen Stein zwischen Daumen und Zeigefinger.

3. Drehe dich seitwärts und wirf den Stein mit einer leichten Drehung aus dem Handgelenk über die Wasseroberfläche.

Hüpf-Wettkampf

Fordere einen Freund zum Wettkampf heraus! Wer von euch beiden kann den Stein am häufigsten springen lassen? Der Weltrekord liegt bei 88 Hüpfern!

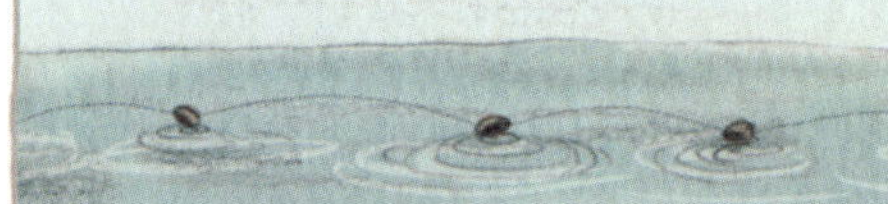

Sand-Darts

Zeichne mit deinem Finger einen kleinen Kreis in den Sand. Das ist der Mittelpunkt deiner Dartscheibe, das Schwarze. Ziehe dann vier Kreise um den Mittelpunkt. Ordne jedem Kreis eine Punktzahl zu. Nimm einen Stein, gehe fünf Schritte von der Zielscheibe weg und versuche, den Stein ins Schwarze zu werfen.

Miss dich mit deinen Freunden. Wer in den äußeren Kreis wirft, erhält einen Punkt, wer in den zweiten Kreis wirft, bekommt zwei Punkte und so weiter. Wer nach fünf Runden die höchste Punktzahl erreicht hat, ist Sieger.

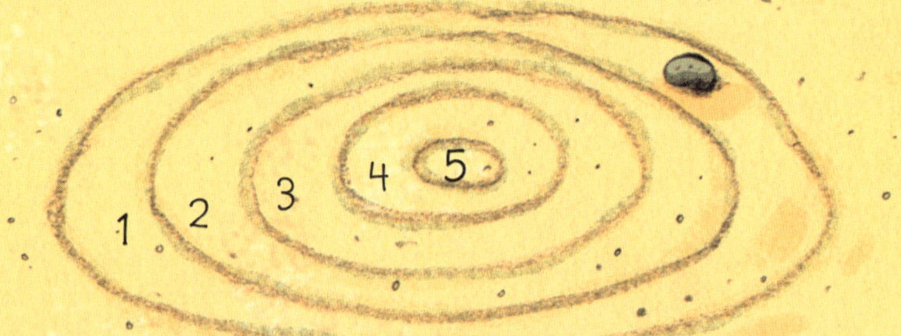

Füllt den Eimer!

Teilt euch in zwei Mannschaften auf. Jede Mannschaft bekommt so viele Becher wie sie Mitspieler hat und einen Eimer, der am Strand steht. Stellt euch neben dem Eimer auf. Bei „Los!“ rennt der jeweils erste Spieler jeder Mannschaft zum Meer, füllt seinen Becher mit Wasser, läuft zurück und leert das Wasser in den Eimer. Dann startet der zweite Mitspieler und so weiter. Die Mannschaft, die ihren Eimer als erstes mit Wasser gefüllt hat, ist Sieger.

Was du brauchst:

- ☆ Mindestens zwei Teams mit zwei oder mehr Mitspielern
- ☆ Einen Eimer pro Team
- ☆ Einen Becher für jeden Mitspieler

Statt des Bechers könnt ihr auch eure Hände benutzen. So wird das Spiel noch ein bisschen schwieriger.

Gezeiten verfolgen

Am Strand kannst du ein spannendes Naturschauspiel verfolgen: die Gezeiten. So nennt man den Wechsel zwischen Hoch- und Niedrigwasser (Flut und Ebbe). So kannst du die Gezeiten überprüfen:

1. Stecke an der Stelle, bis zu der das Wasser aufläuft, einen Stock in den Sand.

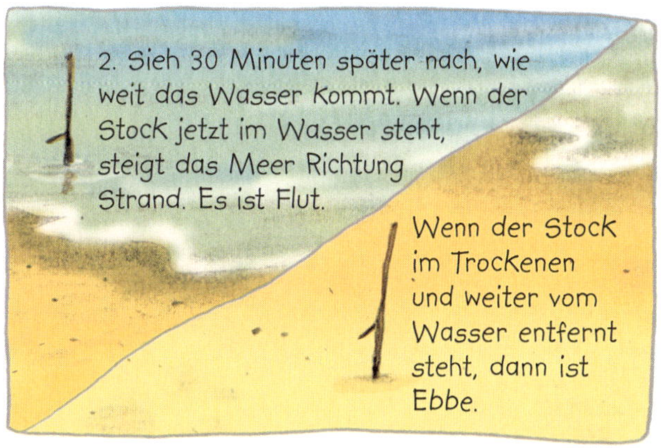

2. Sieh 30 Minuten später nach, wie weit das Wasser kommt. Wenn der Stock jetzt im Wasser steht, steigt das Meer Richtung Strand. Es ist Flut.

Wenn der Stock im Trockenen und weiter vom Wasser entfernt steht, dann ist Ebbe.

3. Stecke alle 30 Minuten am Wasserrand einen Stock in den Sand. Verfolge, wie der Wasserstand steigt und wieder fällt. Alle sechs Stunden wechseln sich Ebbe und Flut ab.

Flut nennt man den Zeitraum, in dem das Wasser ansteigt. Den Zeitraum, in dem der Wasserstand sinkt, bezeichnet man als Ebbe.

Am Fluss

Die meisten Flüsse fließen von ihrer Quelle in den Bergen bis ins Meer. Sie führen Süßwasser mit sich und bieten einer Vielfalt an Pflanzen und Tieren Lebensraum.

! Flüsse können wegen ihrer Strömung gefährlich sein. Versuche nicht, auf die andere Seite zu schwimmen und halte dich von steilen Uferböschungen fern. Lies dazu den Sicherheitshinweis auf Seite 9.

Fließt der Fluss gerade oder schlängelt er sich durch die Landschaft? Wie schnell fließt das Wasser? Ist das Ufer steil oder flach? Diese Faktoren bestimmen, welche Pflanzen und Tiere sich ansiedeln können.

Kannst du Wasservögel und ihre Nester erspähen?

Baue ein Minifloß. Die Anleitung findest du auf Seite 17.

Du kannst selbst ein Messgerät bauen, um herauszufinden, wie tief der Fluss ist. Die Bauanleitung findest du unten.

Sieh dir die Pflanzen und Tiere im Wasser und am Ufer genau an.

Wie tief?

Was du brauchst:

- ☆ Einen Stock
- ☆ Eine Schnur, die so lang wie dein Bein ist
- ☆ Einen kleinen Stein

1. Knote die Schnur an den Stock. Binde dann den kleinen Stein an das andere Schnurende.

2. Lasse den Stein bis auf den Boden des Flusses sinken. Ziehe ihn dann wieder aus dem Wasser.

3. Der nasse Teil der Schnur zeigt dir, wie tief der Fluss ist.

Minifloß aus Zweigen

Baue ein einfaches Floß aus vier Zweigen und lasse es auf dem Wasser treiben. Mit Naturmaterialien kannst du dein Floß noch weiter ausgestalten.

Was du brauchst:

- ☆ Vier Zweige
- ☆ Vier Stücke Schnur
- ☆ Schere
- ☆ Rinde, Moos und Blätter

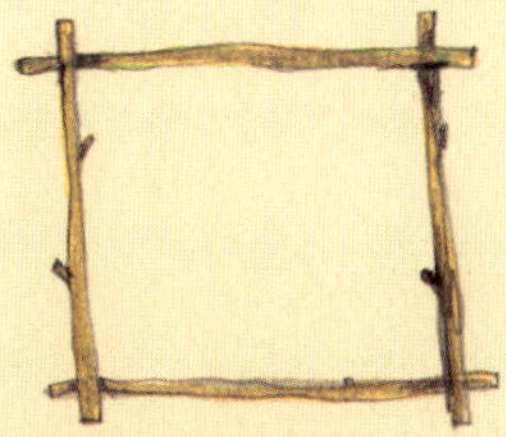

1. Lege die vier Zweige zu einem Quadrat.

2. Binde ein Stück Schnur um einen Zweig. Schiebe die Schnur dorthin, wo sich die Zweige überkreuzen.

3. Wickle die Schnur zweimal um beide Zweige wie abgebildet.

4. Wickle die Schnur dann zweimal überkreuz und verknote beide Enden miteinander. Schneide überstehende Schnur ab.

5. Verbinde nun auch die anderen drei Ecken. Lege dein Floß auf das Wasser. In welche Richtung fließt der Fluss?

Hier findest du einige Ideen, mit denen du dein Floß ausgestalten kannst.

Nicht alle Blätter sind gleich gut als Segel geeignet. Probiere es aus! Nimm einzelne große Blätter oder mehrere kleine. Womit fährt das Floß am schnellsten?

Zwei Blätter dienen als Segel.

Binde Zweige auf das Grundgerüst, sodass ein Deck entsteht.

Lege das Deck mit Moos aus.

Du kannst dein Floß mit einem Stück Rinde abdecken.

Flüsse und Teiche erforschen

In und an Flüssen und Kleingewässern wie Teichen, Tümpeln und Weihern gibt es eine reiche Tier- und Pflanzenwelt. Erkunde mit einem Kescher, welche Tiere im Wasser leben, und lerne, wie man einen Staudamm baut.

Mit dem Kescher

Tauche einen Kescher ins Wasser und bewege ihn langsam im Kreis. Hebe ihn aus dem Wasser und leere den Inhalt vorsichtig in einen Behälter. Welche Tiere sind dir ins Netz gegangen?

Was du brauchst:

- ☆ Einen Kescher
- ☆ Einen Behälter, z. B. einen leeren Eisbehälter, der mit Teich- oder Flusswasser gefüllt wird

Lasse die Tiere nach deiner Betrachtung wieder frei, indem du sie aus dem Behälter hinausschwimmen lässt.

Einen Staudamm bauen

Wenn du das Wasser eines Bachs aufstauen möchtest, musst du einen Damm bauen. Wähle eine flache und nicht zu breite Stelle, damit du problemlos von einer Seite des Bachs zur anderen wechseln kannst. Benutze Zweige und Steine für deinen Staudamm.

Was du brauchst:

- ☆ Steine
- ☆ Holzstücke und Zweige
- ☆ Schlamm und Blätter

1. Lege Holzstücke und große Steine in einer Linie von Ufer zu Ufer über den Bach.

2. Füge kleinere Zweige und Steine hinzu, damit dein Staudamm über den Wasserspiegel hinausreicht.

3. Fülle Lücken mit Schlamm, Zweigen und Blättern. So wird dein Damm wasserdicht.

Wettschwimmen der Stöcke

Stellt euch auf die Seite einer Brücke, von der das Wasser kommt. Lasst eure Stöcke gleichzeitig in den Bach fallen und schaut dann auf der anderen Seite der Brücke nach, welcher Stock schneller war.

Viele Tiere sind morgens oder abends aktiv und lassen sich dann am besten beobachten. Im Sommer siehst du mehr Tiere als im Winter, denn in der kalten Jahreszeit ziehen sich viele Lebewesen zurück.

Heimische Tierwelt

In diesem Kapitel lernst du, wie du die Tierwelt in deinem Garten und deiner näheren Umgebung erkunden kannst. Du erfährst, welche Lebewesen dort heimisch sind und wie man Nist- und Futterplätze für sie baut.

- ☆ Tierfährten erfassen
- ☆ Insekten fangen
- ☆ Bienenhotels bauen
- ☆ Wildblumen aussäen
- ☆ Vögel bestimmen
- ☆ Futterröhren für Vögel bauen
- ☆ Vogeltränken aufstellen

Wenn du Tiere beobachten möchtest, solltest du dich mit dunkler Kleidung tarnen. So verschreckst du die Tiere nicht.

Tiere aufspüren

Du musst gar nicht weit gehen, um Tiere zu entdecken. Mache dich doch einfach einmal in deinem Wohnviertel oder in einem nahegelegenen Park auf die Suche.

Vogel

Reh

Fährtenfalle

Mit dieser einfachen Falle kannst du Spuren von Tieren erfassen, die nachts aktiv sind.

Was du brauchst:

- ☆ Eine große, flache Schale
- ☆ Sand oder Erde

1. Fülle die Schale mit Sand. Stelle sie abends an einen Platz, an dem sich nachts Tiere aufhalten könnten. Über ein Loch im Zaun z. B. könnten Tiere von einem Grundstück in ein anderes wechseln.

Eichhörnchen

2. Lasse die Schale über Nacht an diesem Platz stehen und prüfe am nächsten Morgen, ob ein Tier durch den Sand gelaufen ist. Vergleiche die Fährte mit den Spuren auf dieser Seite und finde heraus, welches Tier bei dir zu Besuch war.

Fuchs

Wasservogel

Katze

Wenn es in deiner Umgebung einen Teich gibt, stelle die Schale in Wassernähe auf. Vielleicht hinterlässt ja ein Frosch oder ein Vogel seine Spuren im Sand.

Tiere beobachten

Man braucht keine Falle, um Tiere beobachten zu können. Setze dich in einem Park oder im Wald an einen geschützten Ort und verhalte dich ruhig. Sicher entdeckst du dann Tiere, die in der Luft, in den Bäumen oder dicht am Boden unterwegs sind.

Falle für Bodenbewohner

Mit dieser Falle lassen sich Tiere fangen, die am Boden leben. Nachdem du deinen Fang unter die Lupe genommen hast, legst du den Plastikbecher so auf die Erde, dass die Tiere wieder aus ihm herauskrabbeln können.

Was du brauchst:

- Eine kleine Schaufel
- Einen Plastikbecher
- Steine
- Ein Stück Holz oder einen alten Ziegel

1. Grabe ein kleines Loch in den Boden und stelle den Becher hinein. Der Becher sollte nicht über die Erde hinausragen.

2. Lege ein paar Steine auf beide Seiten des Lochs und platziere darauf das Stück Holz oder den Ziegel. Warte dann ein paar Stunden und überprüfe, was du gefangen hast.

Die Tiere, die du hier siehst, haben typische Merkmale, mit deren Hilfe man sie bestimmen kann. Welche Merkmale haben die Tiere in deiner Falle?

Käfer

Harte Deckflügel

Sechs Beine

Tausendfüßer

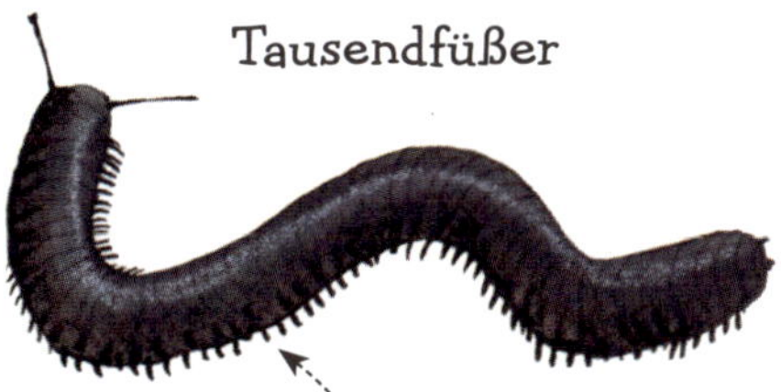

Ein langer Körper und unzählige Beine

Spinne

Acht Beine

Raupe

Langer, manchmal behaarter Körper. Einige Arten haben eine grelle Farbe und ein auffälliges Muster.

Fasse die Tiere, die du fängst, nicht an. Manche von ihnen können beißen oder stechen, wenn sie sich bedroht fühlen. Andere geben ein Sekret ab, das auf der Haut juckt.

Schnecke

Es gibt Schnecken mit oder ohne Gehäuse.

Keine Beine und ein feuchter, weicher Körper

Ameise

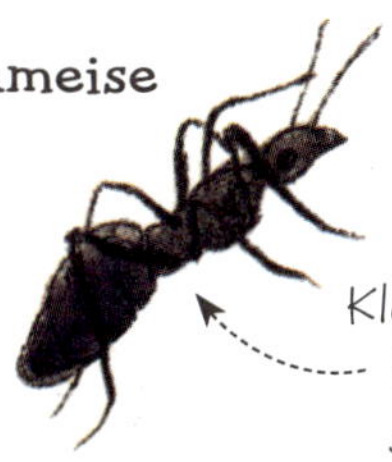

Kleiner, dunkler Körper und sechs Beine

Insektenparadiese schaffen

Warum verwandelst du deinen Garten oder Balkon nicht in ein Insektenparadies? Insekten erfüllen wichtige Aufgaben: Sie befruchten Pflanzen und dienen Vögeln als wertvolle Mahlzeit. Bienen versorgen uns sogar mit Honig.

Insektenfreundliche Blumen

Schmetterlinge und Bienen ernähren sich von Nektar. Diese süße Flüssigkeit saugen sie aus den Blüten von Blumen und Kräutern. Je mehr insektenfreundliche Pflanzen du ansäst, desto mehr Bienen und Schmetterlinge lockst du in deinen Garten. Auf diesen Seiten werden einige Pflanzen vorgestellt, die sich als Futterquelle für Insekten eignen.

Bienen und Schmetterlinge übertragen Blütenstaub (Pollen) von einer Pflanze auf die nächste. Durch diese Bestäubung können sich Früchte und Samen entwickeln.

Ein Bienenhotel

Aus einem Blumentopf lässt sich leicht ein Bienenhotel machen.

Fülle einen Blumentopf mit einem Loch im Boden mit Gras. Drehe den Topf um und setze ihn auf den Boden.

Im Gartenfachgeschäft gibt es Samenmischungen für bienenfreundliche Blumen. Streue die Samen in einen Topf mit Blumenerde oder in ein Blumenbeet. Bedecke sie mit einer dünnen Schicht Erde. Gieße sie regelmäßig.

! Wenn das Bienenhotel einmal bezogen ist, dann fasse es nicht an und schaue nicht hinein. Die Bienen könnten dich stechen!

Bohre mit einem Bleistift ein Loch in ein Stück Orange und ziehe eine Schnur hindurch. Verknote die Schnur am unteren Ende.

Hänge die Orange in einen Baum oder Busch. Schmetterlinge werden sich über die süße Nahrung sehr freuen!

Der Sommerflieder ist ein Strauch mit langen Rispen, die mit kleinen Blüten übersät sind. Für Schmetterlinge ist er eine reiche Nahrungsquelle.

Langes Gras

Wer Gras und Unkraut wachsen lässt, bietet vielen Tierarten Nahrung, Nistplätze und Verstecke. Achte darauf, dass diese Orte ungestört bleiben!

Raupen ernähren sich gern von Brennnesseln. Viele Vögel fressen wiederum Raupen.

Libellen und Teichjungfern ruhen sich auf hohen Grashalmen aus.

Unterschlupf

Stelle Schnecken und Fröschen einen Unterschlupf zur Verfügung:

Grabe ein kleines Loch in den Boden und decke es mit einem Stein oder Ziegel halb ab.

Altes Holz

Borkenkäfer und Holzwürmer graben sich in verrottendes Holz.

Lege Baumstammscheiben, Äste oder Rinde an eine schattige, feuchte Stelle im Garten.

Vögel beobachten

Vögel kann man das ganz Jahr über beobachten. Notiere dir Größe, Merkmale des Gefieders und andere Kennzeichen, oder fertige eine Skizze an. Zu Hause kannst du dann in einem Bestimmungsbuch nachschlagen, welche Vögel du gesehen hast. Achte vor allem auf die folgenden Merkmale:

So kannst du Vögel in deinen Garten locken:

Futterröhre basteln

Hungrige Vögel werden regelmäßig an eine Futterröhre kommen, vor allem im Winter und im Vorfrühling. Es ist ganz einfach, eine zu basteln.

Bestreiche eine Papprolle mit Erdnussbutter und rolle sie in Vogelfutter oder Sonnenblumenkernen. Stecke sie auf einen Ast ...

... oder hänge sie mit einer Schnur an einen Baum.

Vogeltränke

Fülle eine Schale mit Wasser. Stelle diese Vogeltränke in den Garten. Die Vögel können daraus trinken oder sich darin waschen.

Lege Zweige oder kleine Äste in die Schale, auf denen die Vögel sitzen können, ohne nasse Füße zu bekommen.

Lege einige Steine oder Sand in die Vogeltränke, damit sie natürlicher aussieht.

Nistmaterial

Lasse im Frühling die Materialien, die hier abgebildet sind, an einer geschützten Stelle liegen. Vögel können damit ihr Nest bauen.

Der Stamm eines Baumes ist ringförmig gemasert. Jedes Jahr kommt ein neuer Ring hinzu. Anhand dieser Ringe kann man das Alter eines Baumes bestimmen. Suche dir einen Baumstumpf, zähle die Ringe und finde so heraus, wie alt der Baum geworden ist.

Streifzüge durch den Wald

In einem gesunden Wald wachsen unterschiedliche Baumarten. Sie bieten Lebensraum für viele Tiere und Pflanzen. In diesem Kapitel erfährst du, wie man Bäume, ihre Früchte und die Samen bestimmt. Außerdem bekommst du Tipps für lustige Spiele und tolle Aktivitäten im Wald.

- ☆ Bäume bestimmen
- ☆ Samen, Früchte und Nüsse sammeln
- ☆ Lebewesen in und an Bäumen suchen
- ☆ Hindernislauf durch den Wald
- ☆ Schnitzeljagd für deine Freunde
- ☆ Waldkunstwerke gestalten

Bäume erforschen

Wenn du einen Baum bestimmen möchtest, untersuchst du am besten zuerst seine Blätter. Nimm dir ein Blatt, sieh dir seine Form, seinen Rand und seine Struktur an und zeichne eine Skizze oder mache dir Notizen. Hier findest du eine Auswahl an verschiedenen Blättern.

Früchte und Samen

Ab Spätsommer wachsen allerlei Früchte und Samen an Bäumen heran. Sie fallen auf den Boden und nach einiger Zeit wächst daraus vielleicht ein neuer Baum. Du kannst auf dem Waldboden die verschiedensten Früchte und Samen finden:

Obst
Weiche Pflaumen und Beeren oder harte Äpfel

Kreiselnde Samen
Ahornbäume haben Früchte, die kreiselnd auf den Boden fallen.

Man nennt sie auch Schraubenflieger, Propellerfrüchte oder Nasenzwicker.

Eicheln
Früchte der Eiche

Zapfen
Große, stachelige Früchte, die an Nadelbäumen wachsen

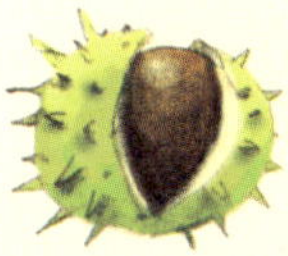

Stachelige Hülle
An manchen Bäumen wie Buchen und Kastanien wachsen Nussfrüchte, die von stacheligen Fruchtbechern umgeben sind.

Baumstamm

Sieh dir einen Baumstamm genau an. Kannst du Nester, Kratzspuren oder Tiere entdecken?

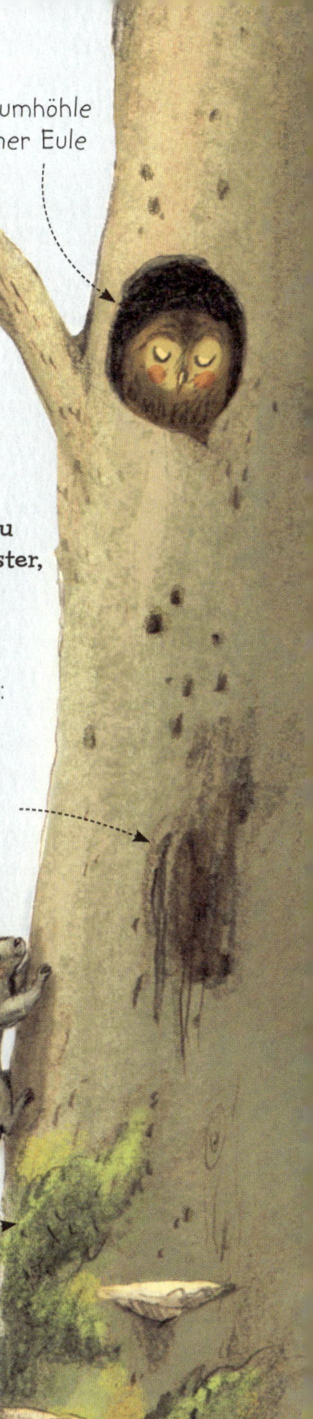

Am Fuß des Baumstammes

Der feuchte Fuß eines Baumstammes oder ein umgefallener Baum ist eine wichtige Nahrungsquelle für Pflanzen und Tiere. Hier siehst du, was du dort vielleicht entdecken kannst.

Hindernislauf und Schnitzeljagd

Man kann den Wald auf verschiedenste Weise erkunden, so z. B. bei tollen Hindernisläufen oder aufregenden Schnitzeljagden.

Hindernislauf im Wald

Im Wald gibt es viele natürliche Hindernisse wie umgefallene Bäume, Baumstümpfe oder Pfützen. Es macht großen Spaß, sie zu überwinden. Überschätze deine Kräfte aber nicht und pass auf, dass du dich nicht verletzt.

Balanceakt auf dem Baumstumpf

Stelle dich auf einen Baumstumpf, hebe ein Bein und versuche, das Gleichgewicht zu halten.

Sprung auf den Baumstumpf

Stelle dich vor einen Baumstumpf und springe mit beiden Beinen gleichzeitig auf ihn. Mit deinen Armen kannst du dabei Schwung holen.

Über den Baumstamm hüpfen

Laufe von einer Seite auf einen liegenden Stamm zu, stütze dich mit beiden Händen darauf ab und springe seitwärts darüber.

Pfützensprung

Renne auf eine Pfütze zu, stoße dich mit einem Bein ab und springe über das Wasser. Lande dann auf dem anderen Bein.

Wege markieren

Wenn du mit mehreren Freunden im Wald unterwegs bist, könnt ihr euch in zwei Mannschaften aufteilen. Eine Mannschaft markiert eine Route durch den Wald, der die andere Mannschaft folgen muss. Für die Routenführung könnt ihr folgende Zeichen verwenden:

Nutze für deine Zeichen Naturmaterialien, die du im Wald findest. Die Wegweiser müssen groß und eindeutig sein, damit die andere Mannschaft sie entdecken kann.

Diese Zeichen wurden früher von Fährtenlesern und Entdeckungsreisenden verwendet, um sich gegenseitig die geeignete Route mitzuteilen.

Die besten Wege sind nicht zu lang und nicht zu kompliziert. Sie sollten einfach und klar zu erkennen sein.

Routenbeschreibung

Du kannst deinen Freunden die Route durch den Wald auch beschreiben. Suche dazu auffällige Merkmale wie große Wurzeln, besondere Blumen oder schöne Pilze. Gib deinen Freunden dann z. B. folgende Anweisungen: „Wendet euch bei den drei roten Blumen nach rechts. Geht von dort geradeaus bis zu einer einzeln stehenden Birke …“ Können sie damit den Weg durch den Wald finden?

Waldkunstwerke

Der Wald ist reich an Materialien, mit denen du fantastische Waldkunstwerke gestalten kannst.

Nimm immer nur so viel Material, wie du brauchst. Verwende keine Materialien, in denen sich Tiere eingenistet haben. Mache ein Foto von deinem Kunstwerk und nimm das Kunstwerk wieder auseinander, bevor du nach Hause gehst.

Naturskulpturen

Aus Stöcken und Steinen kannst du interessante Skulpturen bauen.

Sammle mehrere verschieden große Steine. Lege sie aufeinander. Fange mit den größten Steinen an. Der kleinste Stein bildet die Spitze deines Kunstwerks!

Gestalte eine Skulptur, indem du Stöcke sammelst und dann aufeinanderlegst.

Du kannst unterschiedliche Steine in Kreisen anordnen.

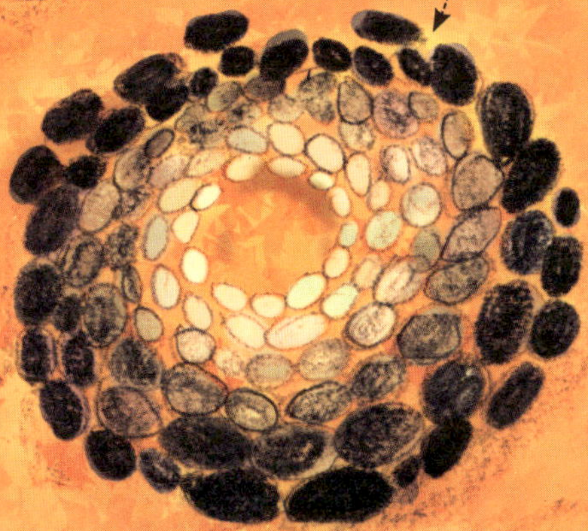

Kunst mit Schuhabdrücken

Drücke mit deinen Schuhen Muster in den Boden.

Mache mit deinen Schuhen Abdrücke in Matsch oder Sand. Gehe dann zum Anfang deines Musters und trete nochmals in deine Abdrücke, um sie tiefer und deutlicher zu machen.

Zeichne ein Muster in hohes Gras, indem du mehrere Male den gleichen Weg entlangläufst.

Kannst du noch auf andere Art Waldkunstwerke schaffen?

Körperformen

Wenn du mit einem Freund unterwegs bist, könnt ihr ein Kunstwerk aus Stöcken, Steinen, Blättern und euren Körpern fertigen.

Einer von euch legt sich auf den trockenen Boden und streckt seine Arme und Beine aus. Der andere legt Stöcke, Steine und Blätter um den Körper der liegenden Person.

Wenn die liegende Person aufsteht, ist ihre Körperform am Boden zu sehen.

Kreise aus Blättern

Im Herbst kannst du Blätter in verschiedenen Größen, Formen und Farben sammeln und sie in kreisförmigen Mustern auf den Boden legen.

! Reiße aber keine Blätter von Bäumen ab.

Kunst aus Naturmaterialien wird Land-Art genannt. Berühmte Vertreter der Land-Art sind die Briten Richard Long und Andy Goldsworthy. Du kannst Fotos ihrer Kunstwerke z. B. im Internet finden.

Natürliche Linien

Gestalte ein Linienmuster mit Stöcken, die du nebeneinander auf den Boden legst.

Astronauten trainieren während ihrer Ausbildung, wie man im Falle einer Notlandung in der Wildnis überlebt. Einige dieser Techniken lernst du in diesem Kapitel kennen.

In der Wildnis

Es ist ein großartiges Abenteuer, im Freien zu zelten. In diesem Kapitel erfährst du, wie man einen Unterschlupf baut, ein Lagerfeuer macht und die Himmelsrichtungen bestimmt.

- ☆ Den besten Zeltplatz finden
- ☆ Lagerfeuer machen
- ☆ Einen stabilen Unterschlupf bauen
- ☆ Kartoffeln im Feuer garen
- ☆ Sich mithilfe der Sonne orientieren
- ☆ Eine Landkarte zeichnen
- ☆ Geheimbotschaften übermitteln

Wenn du zeltest, solltest du einen festen Knoten binden können. Mit dem Knoten, der hier gezeigt wird, kannst du ein Seil an einen Baum oder an einen Pfosten binden. Er hilft dir z. B. beim Bau eines Unterschlupfes (Seite 41).

Ein Lager aufschlagen

Damit deine Übernachtung im Freien gelingt, solltest du dein Zelt auf einem Campingplatz oder einem speziell ausgewiesenen Lagerplatz aufstellen.

Zelt aufbauen

Ein Zeltplatz will gut gewählt sein! Hier erfährst du, was du bei der Suche eines geeigneten Standorts beachten solltest.

Schlage dein Zelt nie auf einem Privatgrundstück auf, ohne vorher den Eigentümer um Erlaubnis zu bitten. Felder und Tierweiden eignen sich nicht fürs Zelten.

Stelle dein Zelt nicht zu nah an einen Fluss oder See, denn dort könnte es viele Stechmücken geben. Musst du an einem Abhang übernachten, dann platziere das Zelt so, dass der Eingang unten liegt und Regenwasser nicht hineinfließen kann. Suche nach einer Möglichkeit, Frischwasser zu zapfen.

Wenn es kühl ist, dann richte den Zelteingang nach Osten. Die Sonne, die ja im Osten aufgeht, kann dann morgens schon dein Zelt erwärmen. Auf Seite 44 erfährst du übrigens, wie man die Himmelsrichtung bestimmen kann und Osten findet.

Achte darauf, dass dein Zelt auf einem möglichst ebenen Platz steht. Entferne Steine und Zweige. Die Zweige kannst du zum Feuer machen verwenden (siehe Seite 39).

Baue dir doch einen Unterschlupf! Auf den Seiten 40 und 41 wird gezeigt, wie das geht.

Wenn du weißt, dass es tagsüber sehr warm wird, dann errichte dein Zelt an einem schattigen Ort. Stehe auf, bevor es im Zeltinneren zu heiß wird.

Lagerfeuer machen

Der Höhepunkt eines Tages in der Wildnis ist ein Lagerfeuer, an dem man sich eine deftige Mahlzeit kochen kann. Mache aber nur dort ein Feuer, wo es offiziell genehmigt ist!

Was du brauchst:

- ☆ Zundermaterial (siehe Schritt 1)
- ☆ Trockene Zweige und Äste
- ☆ Holzscheite

1. Suche trockene Materialien, die man Zunder nennt und die leicht brennen. Die Pflanzenteile im Bild eignen sich gut dafür.

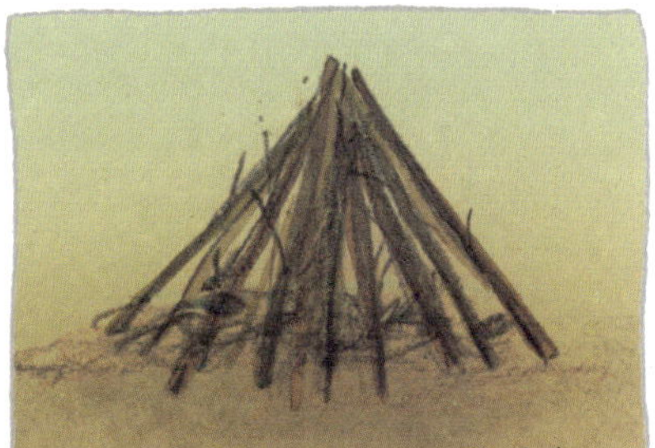

2. Lege das Zundermaterial auf einen Haufen. Stelle Zweige und Äste kegelförmig um den Zunder herum auf.

! Ein Erwachsener muss Folgendes tun:

3. Das Zundermaterial mit einem Streichholz anzünden.

4. Wenn die Zweige brennen, werden die Holzscheite ins Feuer gelegt. Sie sorgen dafür, dass das Feuer lange brennt.

! Sicherheitshinweise

Lagerfeuer bergen Gefahren. Lies dir deshalb diese Sicherheitshinweise aufmerksam durch.

Unterschlüpfe bauen

Mit Ästen oder einer Plane lässt sich ein einfacher Unterschlupf bauen. Von dort aus kann man z. B. sehr gut Tiere beobachten.

Unterschlupf aus Ästen

Dieser Unterschlupf besteht nur aus Ästen! Auch wenn die Konstruktion sehr einfach ist, ist sie doch richtig stabil. Viele Abenteurer schätzen diese Versteckmöglichkeit sehr.

Was du brauchst:

- ☆ Zwei gegabelte Äste
- ☆ Einen langen Ast
- ☆ Äste in unterschiedlichen Längen
- ☆ Reisig und Laub

1. Errichte zuerst den Eingang deines Unterschlupfes. Stelle dazu zwei gegabelte Äste so auf, dass sie ein Dreieck bilden.

2. Lege das eine Ende des langen Astes vorsichtig auf die gegabelten Äste. Das andere Ende liegt auf dem Boden auf. Dieses Grundgerüst muss sehr stabil stehen.

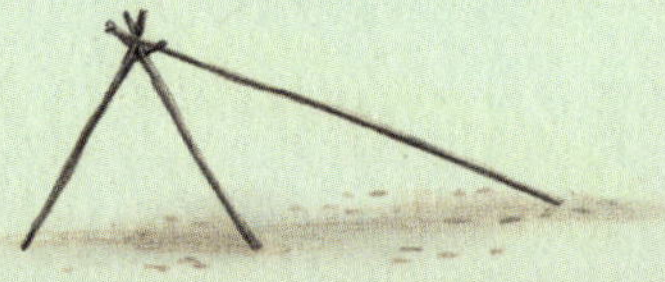

3. Lehne nun viele Äste dicht an dicht an den langen Ast. Stelle die Äste so, dass der Unterschlupf genug Raum für dich bietet.

Mit Reisig und Laub kannst du die beiden Seiten zusätzlich abdecken. Webe das Reisig zwischen die Äste und lege das Laub darauf.

Unterschlupf zwischen Bäumen

Binde ein Seil oder eine dicke Schnur zwischen zwei Bäume. Lege dann die Plane darüber.

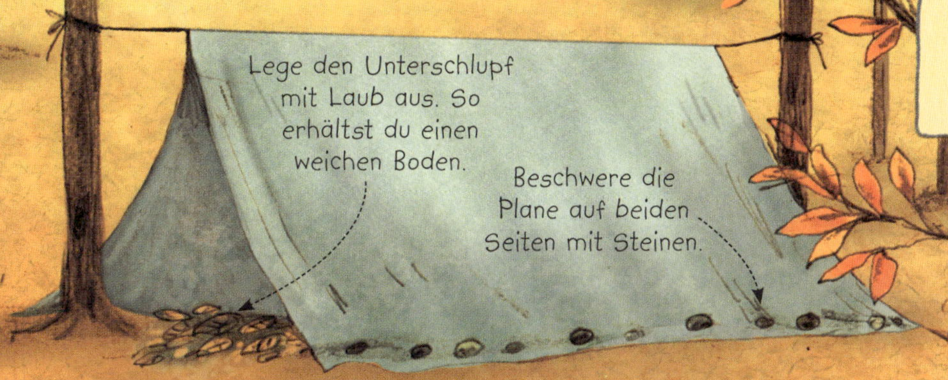

Unterschlupf in Pyramidenform

Binde eine Ecke der Plane an einen Baumstamm. Befestige die gegenüberliegende Ecke am Boden. Falte die Seiten ins Innere, sodass dein Unterschlupf einen Boden bekommt.

Am Lagerfeuer kochen

Wenn die Flammen des Lagerfeuers erloschen sind und die Holzscheite glühen, ist der richtige Zeitpunkt gekommen, um eine Mahlzeit zuzubereiten.

Was du brauchst:

- ☆ Alufolie
- ☆ Messer und Löffel
- ☆ Grillbesteck
- ☆ Ofenhandschuhe

! Mache dein Lagerfeuer nur an Stellen, an denen es offiziell genehmigt ist. Entsprechende Hinweise findest du im Internet. Lies dir die Sicherheitshinweise auf Seite 39 durch.

Alle Flammen sollten erloschen sein.

Es hat sich eine schöne Glut gebildet.

Die Holzscheite sollten mit weißer Asche bedeckt sein und rot glühen.

! Trage immer einen Ofenhandschuh, wenn du mit heißem Essen hantierst. Benutze Grillbesteck, wenn du etwas aus dem Feuer nimmst oder hineinlegst.

Sandwich mit Marshmallow und Keksen

Zutaten:

- ☆ Marshmallows
- ☆ Kekse
- ☆ Spieße

1. Schiebe ein Marshmallow auf den Grillspieß und halte es ungefähr 15 Sekunden lang über das Feuer. Drehe den Spieß dabei.

2. Lege das heiße Marshmallow, das immer noch auf dem Spieß steckt, auf einen Keks. Lege einen zweiten Keks darauf und drücke das Sandwich zusammen. Ziehe den Spieß heraus. Guten Appetit!

Lagerfeuer-Kartoffel

Zutaten:

☆ Eine große Kartoffel

☆ Butter oder Margarine

1. Schneide die Kartoffel mit einem Messer in zwei Hälften. Bestreiche die Schnittflächen mit Butter oder Margarine und setze die beiden Hälften wieder zusammen.

2. Wickle die Kartoffel in Alufolie ein und lege sie dann mit der Grillzange in die Glut. Trage dabei den Ofenhandschuh!

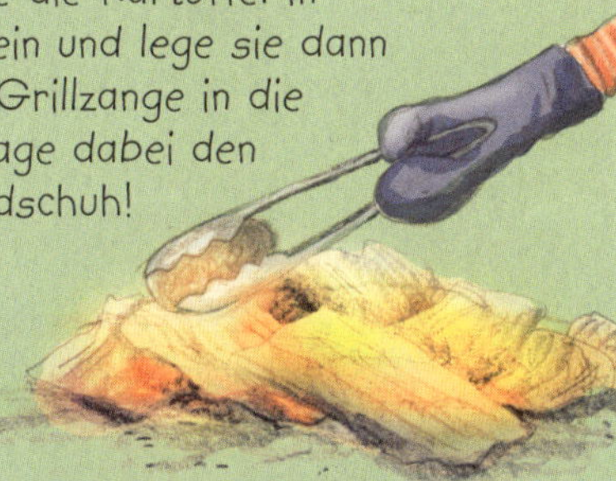

3. Lasse die Kartoffel rund 20 Minuten garen und drehe sie dann mit der Grillzange um. Nach weiteren 20 Minuten nimmst du sie aus der Glut.

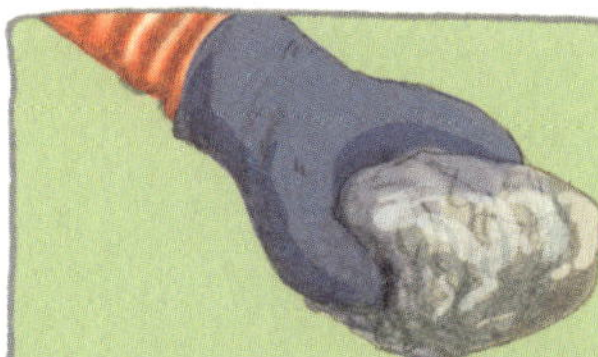

4. Drücke auf die Kartoffel, um zu sehen, ob sie weich ist. Verwende dazu wieder den Ofenhandschuh. Ist die Kartoffel noch hart, legst du sie zurück in die Glut.

5. Lasse die weichgegarte Kartoffel 10 Minuten lang abkühlen und wickle sie dann aus der Alufolie aus. Guten Appetit!

Lagerfeuer-Maiskolben

Zutaten:

☆ Maiskolben mitsamt Hüllblättern

☆ Butter oder Margarine

1. Lege den Maiskolben eine Stunde lang in Wasser.

2. Wickle den Maiskolben in Alufolie ein. Lege ihn dann mit der Grillzange in die Glut. Trage dazu den Ofenhandschuh!

3. Hole den Maiskolben nach 20 bis 25 Minuten mit der Grillzange aus der Glut. Lasse ihn 10 Minuten lang abkühlen.

4. Wickle den Maiskolben vorsichtig aus und entferne die Hüllblätter. Streiche Butter oder Margarine über die Körner. Guten Appetit!

! Wenn du fertig bist, musst du die Glut mit Wasser oder Sand löschen. Nimm alle Abfälle und Utensilien wieder mit nach Hause.

Orientierung in der Natur

Wenn du von deinem Lagerplatz aus eine Wanderung unternimmst, solltest du dir deinen Weg für den Rückmarsch gut einprägen. Lasse dir dabei von auffälligen Landschaftsmerkmalen oder der Sonne helfen.

Mit dem Sonnenstab Norden finden

Ermittle die Richtung, in die du gehst, mithilfe eines Sonnenstabes.

Was du brauchst:

- ☆ Einen sonnigen, offenen Platz
- ☆ Einen geraden Ast oder Stock, der mindestens einen Meter lang ist
- ☆ Zwei Steine

1. Stecke den Ast bei hohem Sonnenstand in den Boden und lege einen Stein an das obere Ende seines Schattens.

2. Warte 20 Minuten. Nimm den zweiten Stein, um die neue Position des Schattens zu markieren.

3. Drehe dich mit dem Rücken zum Stab. Stelle deinen linken Fuß neben den ersten Stein und deinen rechten Fuß neben den zweiten Stein. Du stehst jetzt in Richtung Norden.

4. Da du nun weißt, wo Norden liegt, kannst du die anderen Himmelsrichtungen markieren: Süden, Osten und Westen.

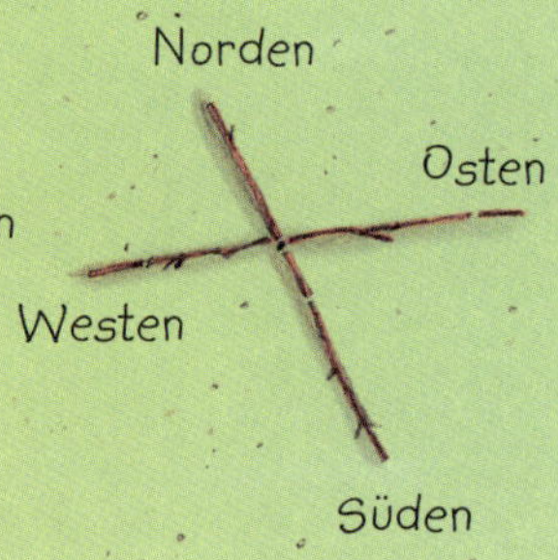

Entwirf deine eigene Landkarte

Du möchtest deinen Freunden den Weg zu deinem Lagerplatz oder zu einem Versteck zeigen? Dann entwirf eine Landkarte der Umgebung. Dafür brauchst du nur Papier, Stifte und natürlich deine Beobachtungsgabe!

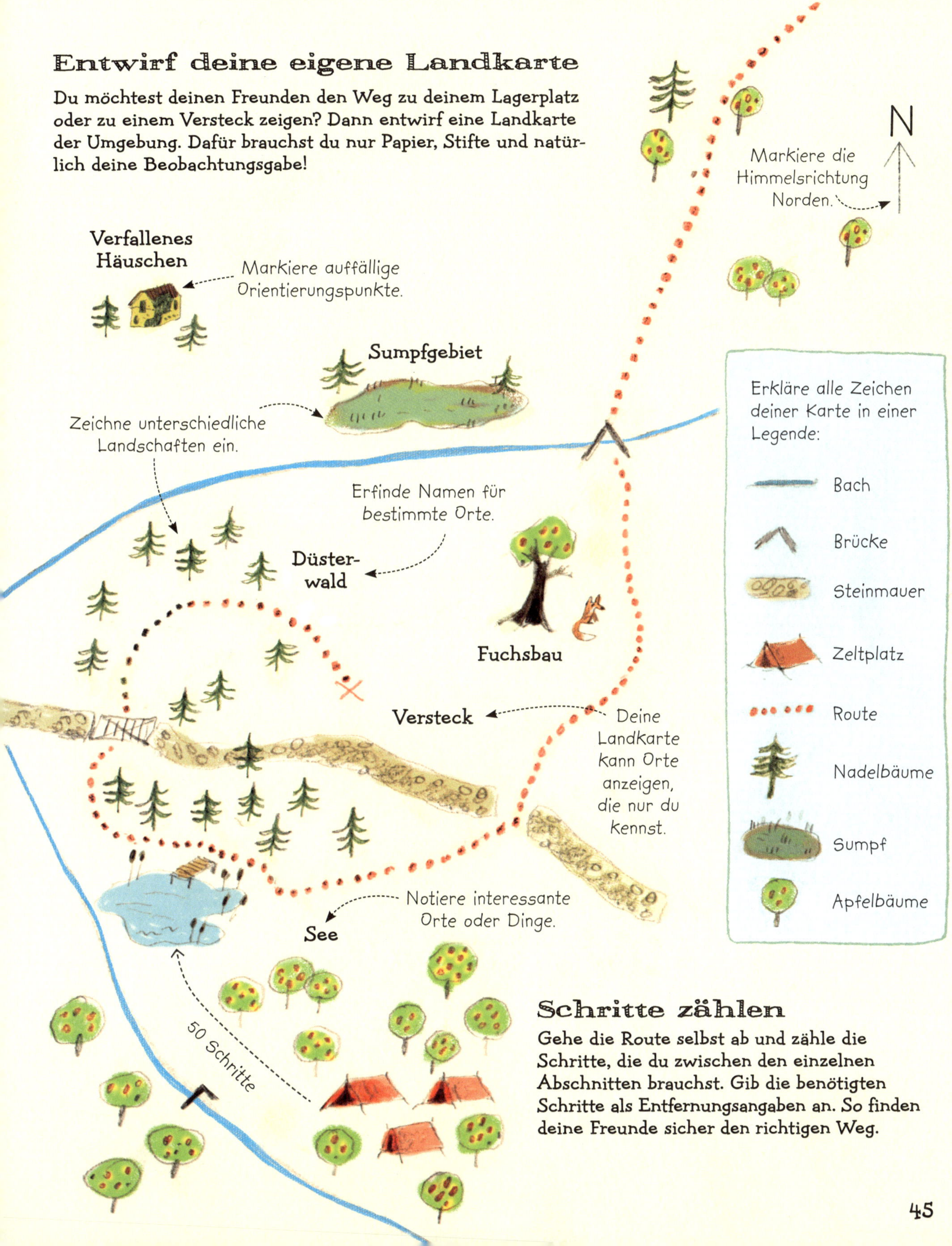

Schritte zählen

Gehe die Route selbst ab und zähle die Schritte, die du zwischen den einzelnen Abschnitten brauchst. Gib die benötigten Schritte als Entfernungsangaben an. So finden deine Freunde sicher den richtigen Weg.

Botschaften übermitteln

Outdoor-Abenteurer sollten wissen, wie man Botschaften ohne Worte übermittelt. So können sie über weite Entfernungen miteinander kommunizieren. Es macht auch Spaß, Freunden geheime Botschaften zu senden.

Morsealphabet

Im Morsealphabet werden alle Buchstaben mit Punkten und Strichen dargestellt (siehe unten). Diese Zeichen können in Ton- oder Lichtsignale übertragen werden. Sende deinen Freunden bei Dunkelheit eine geheime Nachricht mit Lichtsignalen, wenn du eine Taschenlampe hast.

Das Morsealphabet

A	• —	H	• • • •	O	— — —	V	• • • —
B	— • • •	I	• •	P	• — — •	W	• — —
C	— • — •	J	• — — —	Q	— — • —	X	— • • —
D	— • •	K	— • —	R	• — •	Y	— • — —
E	•	L	• — • •	S	• • •	Z	— — • •
F	• • — •	M	— —	T	—		
G	— — •	N	— •	U	• • —		

Winkeralphabet

Das Winkeralphabet diente ursprünglich zur Nachrichtenübermittlung zwischen Schiffen, die in Sichtweite voneinander waren. Der Sender hält seine Arme in ganz bestimmten Positionen, die die verschiedenen Buchstaben repräsentieren. Normalerweise benutzt man dafür Flaggen, aber du kannst auch Handschuhe oder Ähnliches halten.

Versuche Wörter zu buchstabieren und wage dich dann an kurze Nachrichten.

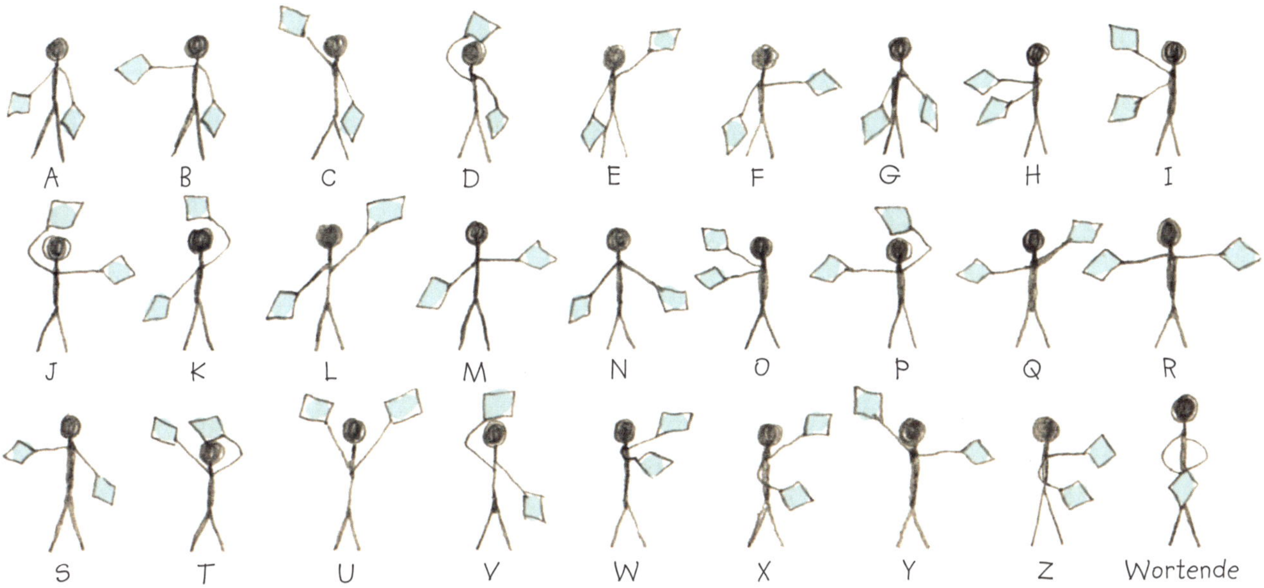

Deine eigene Geheimsprache

Wenn du das Morse- und Winkeralphabet gemeistert hast, kannst du auch deine eigene Geheimsprache entwickeln. Verwende dazu z. B. Töne oder unterschiedliche Körperpositionen. Hier findest du einige Anregungen:

Achte darauf, dass jedes Signal deiner Geheimsprache eindeutig ist und sich klar von den anderen Signalen unterscheidet.

Manche Leute glauben, dass Blätter von Laubbäumen einen Wetterwechsel anzeigen können. Wenn sich die Blätter von Ahornbäumen oder Buchen kräuseln, bedeutet das angeblich, dass es bald regnen wird.

Unterwegs bei jedem Wetter

Egal, ob es regnet oder schneit, man kann im Freien immer viele Dinge unternehmen.

- ☆ Wolken bestimmen
- ☆ Das Wetter vorhersagen
- ☆ Die Niederschlagsmenge messen
- ☆ Tiere bei Regen suchen
- ☆ Die Schneelandschaft erkunden
- ☆ Ein Iglu bauen
- ☆ Draußen spielen

Kleine Wolkenkunde

Suche dir draußen einen Platz, von dem aus du in den Himmel blicken kannst. Sehr wahrscheinlich wirst du dort Wolken sehen. Sie können die verschiedensten Formen haben. In dieser kleinen Wolkenkunde lernst du, sie zu unterscheiden.

Zirrus (Federwolke)
Feine, weiße Wolken, die wie Federn aussehen

Zirrostratus (Schleierwolke)
Ein dünner, weißer Schleier am Himmel, durch den die Sonne nicht mehr mit voller Kraft hindurchdringt

Nimbostratus (Regenwolke)
Eine dicke, dunkle Wolkendecke

Lange, dünne Wolken wie diese sind Kondensstreifen, die von Flugzeugen erzeugt werden.

Stratus (tiefe Schichtwolke)
Eine durchgängige, trübe Wolkenschicht, die tief liegt

Kumulus (Haufenwolke)
Große, flockige Wolken mit gerader Unterseite

Wettervorhersage

Wolken verraten, wie das Wetter wird. Schon die alten Griechen haben sie genau beobachtet und aus ihren Formen abgelesen, wie sich das Wetter entwickelt. Probiere es aus. Wie oft sind deine Vorhersagen korrekt?

Stratus- und Nimbostratuswolken
Können Nieselregen oder Schnee ankündigen.

Zirrostratuswolken
Können Nieselregen oder Nebel bringen.

Zirrus- und Altokumuluswolken
Können für unbeständiges Wetter sorgen.

Kumuluswolken
Können Regen bringen, wenn die Wolken größer werden. Bleiben sie den ganzen Tag gleich groß, ist schönes Wetter zu erwarten.

Kumulonimbuswolken
Können starken Regen oder Hagel bringen oder ein schweres Gewitter ankündigen.

Du solltest nie direkt in die Sonne blicken, denn das kann deinen Augen schaden.

Bei Regen und Schnee

Es regnet oder schneit? Dann ziehe dir einfach eine Regenjacke an oder rüste dich mit Mütze und Handschuhen aus. Auch bei nassem Wetter gibt es draußen viel zu erleben.

Verwende das Regenwasser aus deinem Messgerät zum Blumen gießen.

Messgerät für Niederschlagsmenge

Mit diesem Messgerät kannst du herausfinden, wie viel Regen an deinem Wohnort fällt. Stelle es dafür einige Tage oder eine Woche nach draußen.

Was du brauchst:

- ☆ Einen hohen Plastikbecher (idealerweise mit einem gewölbten Deckel, der ein Loch hat)
- ☆ Kleine Steine
- ☆ Einen wasserfesten Stift
- ☆ Ein Lineal

1. Gib die Steine in den Becher und bedecke sie mit Wasser. Lege den Deckel mit der Wölbung nach unten darauf.

2. Markiere eine Skala (Abstand: 1 cm) auf dem Becher ab dem Wasserstand.

3. Stelle das Messgerät nach draußen. Wenn es geregnet hat, überprüfe den Wasserstand.

Tiere bei Regen suchen

Manche Tiere lieben Regenwetter. Mache dich auf die Suche nach ihnen.

Schneetage

Wenn die Luft sehr kalt wird, gefriert das Wasser in den Wolken. Dann fällt Schnee. Orte, die man gut kennt, sehen dann auf einmal ganz anders aus.

Schneeflocken können unterschiedlichst geformt sein – keine sieht aus wie die andere. Nimm eine Lupe und betrachte sie.

Eiszapfen bilden sich, wenn Wassertropfen gefrieren, weitere Tropfen an ihnen hinunterlaufen und ebenso gefrieren.

Wenn es stark schneit und es dabei noch windig ist, kommt es zu Schneeverwehungen. Der Schnee häuft sich dann an Hindernissen an.

Wenn du im Schnee Tierspuren siehst, versuche sie zu bestimmen. Die Abbildungen auf Seite 22 helfen dir dabei.

Reif besteht aus Eiskristallen, die sich bei hoher Luftfeuchtigkeit auf Pflanzen oder Gegenständen ablagern.

Mini-Iglu

Wenn sehr viel Schnee liegt, kannst du ein kleines Iglu, ein Schneehaus, bauen.

Was du brauchst:

- ☆ Behälter aus Plastik, z. B. Eisbehälter
- ☆ Warme Kleidung, vor allem Handschuhe

1. Für die Schneeblöcke füllst du die Behälter mit Schnee. Drücke ihn fest an.

2. Lege die Schneeblöcke kreisförmig nebeneinander. Das ist das Fundament.

3. Setze nun mehrere Reihen von Schneeblöcken auf das Fundament. Die Blöcke müssen versetzt angebracht werden und sich leicht nach innen neigen.

4. Hohlräume kannst du mit Schnee ausstopfen.

5. Klemme Schneeblöcke in die Mitte, um das Iglu oben zu schließen.

Spiele für Draußen

In der Natur kann man herrlich spielen, denn hier ist viel Platz zum Toben und Rennen, und es darf auch einmal lauter werden. Trommle also deine Freunde zusammen und los geht es!

Begrenzt den Bereich, in dem ihr spielt, denn sonst wird das Versteckspiel zu schwierig.

Zusammen verstecken

Einer von euch hat 30 Sekunden Zeit, um sich zu verstecken. Alle anderen müssen ihn nun suchen. Derjenige, der ihn findet, versteckt sich mit ihm am gleichen Ort. Wer als letzter sucht, ist der Verlierer. Er muss sich als Nächstes verstecken.

Hindernisparcours

Baut einen Hindernisparcours auf. Stoppt die Zeit, die jeder einzelne benötigt, um ihn zu absolvieren. Wer von euch ist am schnellsten?

Ihr könnt folgende Dinge verwenden:

- ☆ Seil oder Schnur
- ☆ Eimer
- ☆ Bälle
- ☆ Säcke oder Tücher
- ☆ Hula-Hoop-Reifen
- ☆ Und viele andere Dinge, die euch einfallen!

Jagd nach Dingen

Einer von euch schreibt eine Liste mit Gegenständen, Pflanzen oder Tieren, die die anderen finden müssen. Alle erhalten eine Kopie der Liste und suchen nach den Dingen. Wer als Erster alle gefunden hat, ist Sieger.

Ihr müsst die Gegenstände nur sehen und ihren Standort angeben können. Nehmt sie nicht mit!

Auf der Liste könnte beispielsweise stehen:

Burg bewachen

Legt einen Bereich fest, der von nun an die „Burg" ist. Einer von euch ist der Wächter und zählt bis 30. Die anderen verstecken sich. Wer sich versteckt hat, muss versuchen zur Burg zurückzuschleichen, ohne dass er vom Wächter gesehen wird.

Das Spiel ist zu Ende, wenn alle in der Burg sind oder vom Wächter ertappt wurden. Dann wird ein anderes Kind Wächter.

Manche Tiere sind nachtaktiv. Sie kommen aus ihren Verstecken, um in der Dunkelheit auf Beutejagd zu gehen. In heißen Gegenden bietet die Nacht auch eine gute Möglichkeit, sich abzukühlen.

Nächtliche Erkundungen

Beobachte Tiere bei Nacht und höre, welche Geräusche sie machen. Versuche Sternbilder zu erkennen.

- ☆ Eulen und Füchse hören
- ☆ Glühwürmchen entdecken
- ☆ Nachtfalter untersuchen
- ☆ Schneckenspuren folgen
- ☆ Sternbilder kennenlernen
- ☆ Planeten und Sternschnuppen suchen
- ☆ Den Mond verstehen
- ☆ Die Himmelsrichtung Norden finden

Auf Nachtsafari gehen

Wenn du schlafen gehst, wachen manche Tiere gerade erst auf. Bitte einen Erwachsenen, dich bei einer Nachtwanderung zu begleiten und mit dir nachtaktive Tiere zu beobachten.

Nachtwanderung

Gehe in der Abenddämmerung los und nimm eine Taschenlampe mit. Halte regelmäßig an, mache die Taschenlampe aus und warte einige Minuten. Was kannst du sehen und hören?

Fledermäuse
Fledermäuse fliegen in der Nähe von Wasser und Wiesen, wo sie Insekten fangen. Halte Ausschau nach diesen dunklen Fliegern, die lautlos vorbeihuschen.

Eulen
Eulen fliegen auf der Suche nach Nahrung sehr dicht über Wiesen. Es ist einfacher, sie zu hören, als sie zu sehen.

Insekten
Viele Insekten werden von Licht angezogen. Sieh unter Straßenlaternen nach. Kannst du ihren summenden Flügelschlag hören?

Einige Tiere erzeugen ihr eigenes Licht. Halte vor allem im Juni Ausschau nach den winzigen Signalen der Glühwürmchen, die in Wäldern und Hecken aufleuchten.

Frösche und Kröten
Frösche und Kröten halten sich meistens in der Nähe von Wasser in nassem Gras auf. Kannst du ihr Quaken hören?

Füchse
Füchse können in Städten und auf dem Land leben. Hörst du, wie sie bellen, winseln oder schreien?

Männliche Grillen zirpen nachts sehr laut, indem sie ihre Flügel schnell aneinander reiben. Damit wollen sie Weibchen anlocken.

Licht als Köder

Mit einem hellen Licht kannst du nachts Tiere aufspüren und sogar anlocken.

Nachtfalter untersuchen

Hänge ein altes Bettlaken über eine Wäscheleine oder einen Zaun. Halte deine Taschenlampe darauf und warte. Schon bald landen Nachtfalter auf dem Laken, die von dem hellen Licht angezogen werden.

Sieh dir die verschiedenen Nachtfalter an. Kannst du sie bestimmen?

Sind auch noch andere Insekten auf dem Laken gelandet?

Leuchtende Augen

Tieraugen reflektieren Licht. Leuchte mit deiner Taschenlampe über Gras und in Büsche. Kannst du leuchtende Augen sehen? Lasse das Licht nicht zu lange auf die Tiere gerichtet. Es macht ihnen Angst.

Schneckenspuren

Schnecken und Nacktschnecken hinterlassen eine schleimige Spur, die im Licht deiner Taschenlampe schimmert. Folge der Spur, um die Schnecke zu finden, die sie hinterlassen hat.

Den Nachthimmel beobachten

In einer klaren, wolkenlosen Nacht kannst du Sterne, den Mond, Planeten und mit etwas Glück auch Sternschnuppen sehen.

Was du am Himmel sehen kannst, hängt davon ab, wo du dich auf der Welt befindest und welche Jahreszeit ist. Schlage in Sternenbüchern nach, was in der Nacht, in der du Sterne beobachten möchtest, zu sehen sein sollte.

Sternbilder
Frühe Astronomen fassten jeweils mehrere Sterne zu Bildern zusammen, die sie Konstellationen nannten. Die hier gezeigten Konstellationen gehören zu den bekanntesten.

Dieser hell leuchtende, sehr große Stern heißt Beteigeuze.

Das Sternbild Orion gleicht einem Mann, der einen Gürtel und ein Schwert trägt. Es wurde nach einem Jäger aus der griechischen Mythologie benannt.

Helle Sterne
Der hellste Stern am Nachthimmel heißt Sirius. Der Name stammt aus dem Altgriechischen und bedeutet „leuchtend".

Der helle Polarstern leuchtet über dem Nordpol. Er weist also immer den Weg nach Norden.

Der Polarstern liegt genau über den hinteren Sternen des Großen Wagens.

Auf der südlichen Erdhalbkugel kann man das Kreuz des Südens am Nachthimmel beobachten. Es zeigt immer Richtung Süden.

Großer Wagen

Tipps für Sterngucker

Ziehe dich warm an und nimm eine Decke mit. Suche einen Platz, der weit weg vom Licht einer Stadt ist. Du kannst mehr Sterne erkennen, wenn du deine Taschenlampe ausschaltest. Gehe aber nur in Begleitung eines Erwachsenen auf Sternensuche.

Der Mond

Der Mond ist ein riesiger Himmelskörper aus Gestein, der sich um die Erde bewegt. Es sieht aus, als würde er leuchten, aber in Wirklichkeit wird er von der Sonne angestrahlt.

Das ist ein Vollmond.

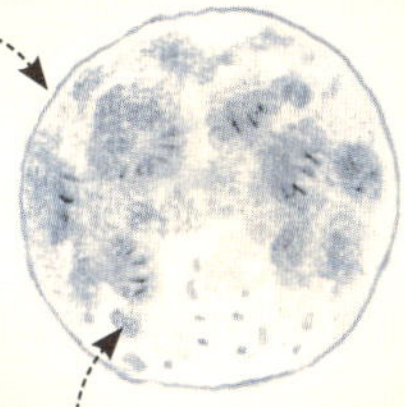

Die dunklen Flecken heißen Maria. Dieses Wort stammt aus dem Lateinischen und bedeutet „Meere". Die Maria sind Lavadecken, die bei Vulkanausbrüchen entstanden.

Wenn sich der Mond um die Erde bewegt, beleuchtet die Sonne unterschiedliche Teile unseres Trabanten. Du kannst beobachten, wie der Mond seine Lichtgestalt im Verlauf eines Monats ändert.

Mondsichel Halbmond Vollmond

Planet oder Stern?

Planeten und Sterne kann man gut unterscheiden: Im Gegensatz zu Planeten funkeln Sterne.

Mars ist rötlich gefärbt.

Jupiter sieht wie ein großer, heller Stern aus, ist aber ein Planet.

Venus leuchtet sehr hell und erscheint mal morgens, mal abends am Himmel. Man nennt sie daher auch Morgen- oder Abendstern.

Sternschnuppen

Sternschnuppen sind Staubteilchen von Kometen, die in die Erdatmosphäre eintreten. Dort verglühen sie und hinterlassen einen langen, hellen Streifen am Himmel. Man nennt Sternschnuppen auch Meteore.

Worterklärungen

Auf diesen beiden Seiten werden spezielle Begriffe, die in diesem Buch vorkommen, noch einmal erklärt.

Altokumulus: Kleine, weiße Wolken, die manchmal wie Wellen aussehen.

Bestäubung: Übertragung von Blütenstaub (Pollen) von einer Pflanze auf die nächste. So können sich neue Pflanzen und Früchte entwickeln.

Ebbe: Zeitraum zwischen dem höchsten und dem niedrigsten Wasserstand. Das Meer zieht sich zurück. Dauert jedes Mal etwa sechs Stunden.

Fährtenfalle: Ein Behälter mit Sand oder Schlamm, in dem die Fußspuren von Tieren erfasst werden.

Floß: Ein flaches Boot aus Zweigen oder Hölzern.

Flut: Zeitraum zwischen dem niedrigsten und dem höchsten Wasserstand. Das Meer steigt an. Dauert jedes Mal etwa sechs Stunden.

Gezeiten: Die Bewegungen des Meeres im Lauf von knapp 25 Stunden. Siehe auch Ebbe und Flut.

Gezeitentümpel: Ein mit Wasser gefülltes Becken an der Felsenküste.

Glut: Heiße, glühende Reste von Holz oder anderen Brennstoffen.

Iglu: Ein Haus aus Schnee.

Immergrüne Bäume: Behalten ihre Blätter das ganz Jahr über.

Kondensstreifen: Lange, dünne Wolken am Himmel, die von Flugzeugen erzeugt werden.

Konstellation: Gruppe von Sternen am Nachthimmel.

Kumulonimbus: Hohe, dunkle Sturmwolken, die wie Türme in den Himmel ragen.

Kumulus: Große, flockige Wolken, die tief hängen.

Land-Art: Eine Kunstrichtung, bei der nur Naturmaterialien verarbeitet werden.

Laubbaum: Ein Baum, der Blätter trägt, aber keine Nadeln.

Mond: Großer Himmelskörper, der sich um die Erde bewegt.

Mondsichel: Ein kleiner Teil des Mondes, der von der Sonne beleuchtet wird.

Morsealphabet: Ein Code, mit dem Buchstaben anhand von Punkten und Strichen oder mit Licht- oder Tonsignalen übermittelt werden.

Nachtaktiv: Tiere, die nachts ihre Nahrung suchen oder auf Beutefang gehen.

Nektar: Eine süße Flüssigkeit in Blüten, von der sich Schmetterlinge, Bienen und andere Insekten ernähren.

Niederschlagsmesser: Ein Gegenstand, mit dem man die Regenmenge messen kann.

Orientieren: Mit Merkmalen in der Landschaft, Richtungsangaben oder einer Landkarte den Weg finden.

Pollen: Blütenstaub

Samen: Teil einer Pflanze, aus dem sich eine neue Pflanze entwickelt.

Staudamm: Ein Bauwerk, das über einen Fluss oder einen Bach gebaut wird, um das Wasser zu stauen.

Sternschnuppe: Staubteilchen aus dem Weltraum, die in der Erdatmosphäre verglühen und eine lange, helle Leuchtspur hinterlassen. Wird auch Meteor genannt.

Stratus: Eine durchgängige, trübe Wolkenschicht, die tief liegt.

Trabant: Himmelskörper, der um ein anderes astronomisches Objekt wandert. Der Mond ist der Trabant der Erde.

Vollmond: Der Mond steht wie eine leuchtende Scheibe am Himmel.

Watt: Der Bereich der Küste, der bei Ebbe nicht von Wasser überschwemmt wird.

Wildtiere: Tiere, die nicht als Haus- oder Nutztiere gehalten werden.

Winkeralphabet: Ein Code, bei dem man mit den Armen die Buchstaben darstellt.

Zirrokumulus: Dünne, flauschige, weiße Wolken, die sich in großen Höhen bilden.

Zirrostratus: Ein dünner, weißer Wolkenschleier am Himmel.

Zirrus: Feine, weiße Wolken, die wie Federn aussehen.

Zundermaterial: Leicht brennbares Material, mit dem man ein Feuer entfachen kann.

Register

Redaktion der Originalausgabe: Emily Bone
Zusätzliches redaktionelles Material: Jerome Martin
Gestaltung: Zoe Wray • Digitale Bearbeitung: John Russell

Übersetzung aus dem Englischen: Andrea Reinacher
Redaktion der deutschen Ausgabe: Ursula Klocker • Satz der deutschen Ausgabe: Carolin Günther